BEI GRIN MACHT SICH IHR WISSEN BEZAHLT

- Wir veröffentlichen Ihre Hausarbeit,
  Bachelor- und Masterarbeit

- Ihr eigenes eBook und Buch -
  weltweit in allen wichtigen Shops

- Verdienen Sie an jedem Verkauf

Jetzt bei www.GRIN.com hochladen
und kostenlos publizieren

Sportmarketing für einen Bundesliga-Fußballverein

Kim Kleditzsch

Bibliografische Information der Deutschen Nationalbibliothek:

Die Deutsche Nationalbibliothek verzeichnet diese Publikation in der Deutschen Nationalbibliografie; detaillierte bibliografische Daten sind im Internet über http://dnb.d-nb.de abrufbar.

ISBN: 9783389064542
Dieses Buch ist auch als E-Book erhältlich.

Druck und Bindung: Books on Demand GmbH, Norderstedt Germany
Gedruckt auf säurefreiem Papier aus verantwortungsvollen Quellen

Das vorliegende Werk wurde sorgfältig erarbeitet. Dennoch übernehmen Autoren und Verlag für die Richtigkeit von Angaben, Hinweisen, Links und Ratschlägen sowie eventuelle Druckfehler keine Haftung.

Das Buch bei GRIN: https://www.grin.com/document/1501750

Deutsche Hochschule für
Prävention und Gesundheitsmanagement
Hermann-Neuberger-Sportschule 3
66123 Saarbrücken

Studiengang	B.A. Sportökonomie
Studienmodul	Sportmarketing
Datum Präsenzphase (siehe Ergebnisdokumentation)	07.03.2022 – 09.03.2022

Inhaltsverzeichnis

1 SWOT-Analyse

Der Begriff „SWOT" steht für srengths, weakness, opportunities und threats. Die SWOT-Analyse beschreibt das detaillierte Analysieren von Stärken, Schwächen, Chancen und Risiken. Im Folgenden wird eine SWOT-Analyse für den Fußballbundesligaverein TSG 1899 Hoffenheim durchgeführt und Bezug auf diverse Schlüsselfaktoren des Marktes genommen. Es wird zwischen internen und externen Einflussgrößen unterschieden.

1.1 Stärken-Schwächen-Analyse

Der erste Teilschritt der SWOT-Analyse ist die sogenannte „Stärken-Schwächen-Analyse" (auch „Ressourcenanalyse" genannt). Ziel dieses Teilschrittes ist die Identifikation der gegenwärtigen, sowie der zukünftigen Ressourcensituation. Auf Grundlage dieser sollen geeignete Strategien entwickelt werden, um jederzeit im Wettbewerb zu bestehen. Ziel des vorab zu erstellenden Ressourcenprofils, ist die Darstellung und Auswertung der vorhandenen physischen, organisatorischen/technologischen und finanziellen Ressourcen (Meffert et al., 2012, S. 239). Durch eine exakte Gegenüberstellung des herausgearbeiteten Ressourcenprofils und den derzeitigen und zukünftigen Anforderungen auf dem Markt, können die Stärken und Schwächen des Vereins genau herausgefiltert und passend angewandt werden.

Der TSG 1899 Hoffenheim ist für ihre herausragende Jugendarbeit bekannt. Dies ist einer der wohl größten Stärken des Vereins. Die Akademie des Vereins verfügt über drei Trainingszentren, bei denen Kinder und Jugendliche unterschiedlicher Altersklassen trainieren. Besonders der Erfolg der U-19 Mannschaft zahlt sich, mit dem dreifachen Einzug in das Finale der deutschen Meisterschaft (2014-2016), aus. Der Verein erhält, aufgrund seiner vielseitigen Qualitäten in der Jugendarbeit, 2016 die höchste Auszeichnung der Deutschen Fußball Liga. Neben dem nationalen Erfolg sorgt der internationale Erfolg, mit dem Einzug in das Halbfinale der UEFA Youth League ebenfalls für ein hohes Ansehen. Umgerechnet jeder 5. Spieler schafft den Absprung in den Profi-Bereich. Diese Quote spiegelt eine qualitativ hochwertige Förderung der Kinder/Jugendlichen, in Bezug auf die Jugendarbeit, wider (Frommert, 2018a).

Eine weitere Stärke des TSG 1899 Hoffenheim ist die Bezugnahme auf Innovation und Technologie. Durch hochmoderne Trainingsmethoden, unter anderem Videowalls (Frommert, 2017a) und Footbonauten (Frommert, 2013), kommt es individuellen und zielgesteuerten Trainings und folge dessen zu einem Wettbewerbsvorteil. Außerdem ist die ganzheitliche, datengesteuerte Leistungsdiagnostik von hoher Bedeutung, was die fußballerische Entwicklung der Sportler angeht und ganz klar eine große Stärke des TSG 1899 Hoffenheim darstellt.

Die in den vergangenen Jahren positive Transferbilanz von mehreren 40 Millionen Euro (Seidel, 2019b), unter anderem von Spielern wie Roberto Firmino und Kevin Volland, ist ebenfalls eine Stärke des TSG. Durch Spielertransfers/Spielerkäufe generiert der Verein hohe Einnahmen und ist im bundesligaweitem Vergleich unter den Top 3, direkt nach Borussia Dortmund und Mainz 05.

Im Gegenzug ist eine Schwäche des TSG 1899 Hoffenheim die enorme Abhängigkeit des Hauptinvestors Dietmar Hopp. Dieser verfügt über 96% der Stimmrechte und ist somit nicht nur finanziell als Unterstützer angesehen, sondern auch in alle strategischen Entscheidungen eingebunden (Hoeltzenbein, 2015). Die getroffenen Entscheidungen wurden in der Vergangenheit zum Teil kritisch aufgenommen.

Eine weitere Schwäche ist der, im Vergleich zu Spitzenclubs wie Bayern München und Borussia Dortmund, niedrigere Bekannt- und Beliebtheitsgrad. Der TSG weist 2019 eine Mitgliederzahl von 10.425 auf und ist somit an vorletzter Stelle der Bundesliga einzuordnen. Dies verschlechtert das Einkommen durch Merchandising oder Sportevents.

Ebenfalls als Schwäche angesehen ist der internationale Erfolg des Vereins. Nach erstmaliger Champions League Qualifikation 2019 schied der TSG bereits in der Vorrunde aus und verpasst somit die Chance auf einen höheren Bekannt- und Beliebtheitsgrad, sowie finanzielle Einnahmen durch das Turnier.

1.2 Chancen-Risiken-Analyse

Die Chancen-Risiken-Analyse beschreibt die Analyse der Unternehmenswelt. In diesem Analyseschritt werden die externen Faktoren aufgegriffen, welche Chancen, sowie Risiken widerspiegeln. Ziel dieser Analyse ist die Beurteilung der Marktattraktivität und somit das Vorhersehen zukünftiger Entwicklungen und diese dementsprechend zu antizipieren. Anschließend soll die Planung dementsprechend angepasst werden, sodass die Marktattraktivität des Vereins steigt. Negative Ereignisse sollen verhindert, positive Ereignisse hingegen verstärkt werden (Meffert et al., 2012, S.237).

Der TSG 1899 Hoffenheim ist ein etabliertes Mitglied der Bundesliga und kann durch die starken Wachstumszahlen der Deutschen Fußball Liga einen hohen Profit erzielen (Seifert, 2019). Durch neu vergebende Medienrechte ab Beginn der Saison 2021 wird ein kräftiger Umsatzanstieg generiert (Lehnbach, 2019).

Der TSG verfügt bereits über eine eigene e-Sports-Abteilung, mit welcher der Verein vielen Konkurrenten voraus ist (Fromert, 2018b). Der immer steigende Megatrend und somit der e-Sport-Bereich der TSG sorgt aber nicht nur für eine Beteiligung des vorausgesagten Gesamtmarkpotenzial von ca. 25 Milliarden US-Dollar (Kern, 2018), er generiert zudem den Bekanntheitsgrad in der höchst interessanten Zielgruppe der jungen, gut gebildeten und über klassischen Kanäle schwer erreichbarer Menschen (Gunnar, 2018).

Die immer steigenden Transferpreise, sowie die Prämie bei Teilnahme am internationalen Wettbewerb sind für den TSG 1899 Hoffenheim eine große Chance, sich finanziell von dem Hauptinvestor Dietmar Hopp zu emanzipieren (Möthe, 2015). Dies kann durch die Teilnahme, an der Europa- oder der Champions-League generiert werden.

Durch die Gründung der europäischen Superliga stellt sich ein erhebliches Risiko für den TSG dar. Der Verein verfügt nicht über die Reputation, Mitglied des exklusive Kreises zu werden. Die Aufmerksamkeit der Sponsoren bzw. der Geldgeber, und die der Fußballfans fokussieren sich stärker auf die bekanntesten und erfolgreichsten Fußballvereine (Schneider, 2018). Folge dessen sind erhebliche Umsatzeinbußen, mit denen der TSG 1899 Hoffenheim rechnen muss.

Der Verlust von sportlichen Leistungsträgern stellt, obwohl der TSG als Ausbildungsverein betrachtet wird, ein weiteres Risiko dar. Dieser Verlust beeinträchtigt die sportlichen Ziele des Clubs, da zum Beispiel Trainer wie Julian Nagelsmann und Leistungsträger wie Kerem Demirba an die nationale Konkurrenz abgegeben wurden und somit das Erreichen sportlicher Ziele deutlich erschwert wird.

Ein weiteres Risiko stellt der mögliche Wegfall der 50 + 1 Reglung dar (Suliak, 2019). Durch die außergewöhnliche Unterstützung des Hauptinvestors Dietmar Hopp, kann der TSG als Profiteur gesehen werden. Sollte diese Reglung wegfallen oder aufweichen und es ist anderen Vereinen ebenfalls gestattet, dass potente Sponsoren mehrheitlich einsteigen, verschärft dieses die Konkurrenzfähigkeit erheblich. Aufgrund von Standortvorteilen können Fußballvereine wie der 1. FC Köln oder Hertha BSC Berlin, mit potenten Sponsoren, an dem TSG dauerhaft vorbeiziehen und eine ihre Attraktivität erhöhen.

1.3 SWOT-Matrix

Tabelle 1: SWOT-Matrix TSG 1899 Hoffenheim (eigene Darstellung)

SWOT-Analyse		Externe Analyse	
		Chancen (opportunities)	Risiken (Threads)
Interne Analyse	Stärken (strenghts)	1. Durch die hervorragende und immer weiter geförderte Jugendarbeit, werden leistungsstarke Spieler ausgebildet. Diese können, durch die steigenden Transferpreise bei Spielerkäufen, für hohe Einnahmen sorgen. 2. Die bereits bestehende e-Sports-Abteilung sollte gefördert werden, um dauerhaft Profit erlangen zu können. Durch Unterstützung digitaler Unternehmen, wie SAP als Hauptsponsor, soll eine Teilnahme an der virtuellen Bundesliga angestrebt werden und durch Erfolg ein höherer Bekannt- und Beliebtheitsgrad resultieren.	1. Die Ausbildung leistungsstarker Jugendspieler sichert einen hohen Erfolg, die eigenen sportlichen Ziele des TSG zu erreichen. Auf das Abwerben der Spieler, durch andere Vereine, kann dementsprechend reagiert werden und der eigene sportliche Erfolg gefördert werden. 2. Durch den Transfer von Spielerverkäufen lassen sich hohe Einnahmen generieren, welche die Abhängigkeit unter anderem durch TV-Gelder abschwächen. Durch den Einsatz von modernsten Trainingsmethoden ist die Qualität der Spieler enorm hochwertig und daher eine weitere Einnahmequelle.
	Schwächen (weaknesses)	1. Das steigende Interesse am Fußball, sowie an der Bundes-	1. Die Erstellung und dauerhafte Einhaltung einer sportlichen

	liga, kann der TSG nutzen, um	Philosophie, für den TSG, soll
	durch sportliche Leistung und	es neuen Leistungsträgern, aber
	Marketingaktionen mehr Mit-	auch Neuzugängen in den Füh-
	glieder zu bekommen und	rungspositionen erleichtern sich
	somit eine bessere Einnahme-	einzufinden. Kommt es zu
	quelle zu generieren. Diese	Transfers von Trainern oder
	können besondere Vorteile	Spielern, können diese prob-
	erhalten und somit weitere	lemlos den Platz dieser ein-
	Mitglieder „anlocken".	nehmen und den sportlichen
		Erfolg weiterhin generieren.
	2. Die Ablösesummen für	
	Spielerverkäufe auf dem euro-	2. Durch den niedrigen Beliebt-
	päischen Sportmarkt wachsen	und Bekanntheitsgrad des Ver-
	stetig an. Dies kann den Ver-	ein und eine drohende Ver-
	ein zum Teil von der Starken	schlimmerung dieses Zustandes
	finanziellen Abhängigkeit des	ist es von großer Bedeutung
	Hauptinvestors Dietmar Hopp	dauerhaft mehr Mitglieder zu
	befreien und eine sichere	erlangen. Eine Möglichkeit
	Geldquelle darstellen.	wäre es spektakulären Offensiv-
		fußball anzubieten, um mit dem
		Verein so an Attraktivität zu
		gewinnen.

2 Merchandising und Licensing

Im Folgenden wird ein Merchandisingkonzept für einen Volleyballverein entwickelt. Der Verein feiert sein 30-jähriges Jubiläum. Er existiert in einer 100.000 Einwohner umfassenden Stadt und verfügt insgesamt über acht Mannschaften (sechs Breiten- Leistungssport Mannschaften, zwei Profimannschaften). Der Verein beschreibt sich als sportlich, freundlich und familiär und versucht durch unterschiedliche Kooperationen neue Mitglieder zu generieren. Der Verein umfasst, neben der großen Sporthalle, vier Beachvolleyball-Plätze, sowie eine Gastronomie. Dort finden häufig Sportveranstaltungen und Wettkämpfe statt.

2.1 Wer

Es wurde sich für die Auslagerung betrieblicher Teilfunktionen, als Geschäftsmodell, entschieden, da der Volleyball-Verein nicht über die notwendige Anlagen zur Eigenproduktion verfügt. Die Artikelauswahl, sowie die Erarbeitung des Designs wird vom Verein angefertigt, sodass das Image des Vereins wiedergesiegelt wird. Der Vertrieb der erzeugten Ware wird ebenfalls allein von dem Verein geplant und durchgeführt.

2.2 Was

Anlässlich des 30-jährigen Jubiläums des Volleyballvereins erfolgt eine aktionsspezifische Merchandisingplanung. Als Jubiläumslogo wird eine, aus mehreren kleinen blauweißen Volleybällen bestehende, 30 gewählt. Diese soll auf jedem Artikel einfach oder mehrfach sichtbar sein.

Als Artikel, mit primären Bezug auf das Spielgeschehen, wird ein dünner, blauer Kapuzenpullover mit dem Vereinszeichen auf der linken Brust und dem Jubiläumslogo auf der rechten Brust, entworfen. Der, in den Vereinsfarben entworfenen, Pullover, kann von den Spielerinnen/Spielern, vor einem Wettkampf, über dem Trikot, getragen werden. Außerdem kann er von Eltern, Geschwistern und weiteren Fans der Volleyballmannschaft, als Fanartikel genutzt werden. Er soll in Kindergrößen, sowie in Frauen- und Herrengrößen, angeboten werden.

Der zweite Artikel, mit primären Bezug auf das Spielgeschehen, ist ein selbst entworfener Mini-Volleyball. Dieser ist ebenfalls in den Farben blau-weiß gestaltet und ist sowohl mit dem Jubiläumszeichen, sowie mit dem Vereinslogo bedruckt. Er kann sowohl von den Kleinsten zum Spielen genutzt werden, aber auch als Begleiter in Schwimmbädern effektiv zum Einsatz kommen.

Ein Artikel mit primären Bezug auf zum Stadion- bzw. Sporthallengeschehen ist eine 0,75 ml Trinkflasche, ebenfalls in blau, mit weißem Drehverschluss und dem Jubiläums- und Vereinslogo auf der Flasche gedruckt. Diese kann nicht nur von den Sportlern im Training oder bei Wettkämpfen genutzt werden, sondern auch von Trainern oder Zuschauern, ob im Alltag oder im sportlichen Geschehen.

Ein entworfener Artikel mit Bezug auf den Alltag ist ein kleiner blauer Schlüsselanhänger mit dem Jubiläumslogo aufgedruckt. Dieser umfasst einen standartgroßen Einkaufchip zum Reinstecken und Rausziehen. Dieser soll besonders die etwas älteren Spielern/Fans, des Vereins, ansprechen und gleichzeitig einen guten Nutzen im Alltag darstellen.

Ein weiterer Artikel mit Bezug auf den Alltag ist ein kleines Reisehandtuch, ebenfalls in blau-weiß und mit Jubiläums- und Vereinslogo bestickt. Dieses soll sowohl für die Sportler im Training/Wettkampf, aber auch für die Fans im Alltag dienen. Es trocknet sehr schnell und ist leicht zu verstauen.

Der letzte Artikel im Jubiläumssortiment soll die Jüngsten ansprechen. Es ist ein weißer kleiner Kuscheltier-Panda, der ein T-Shirt mit dem Jubiläums- und Vereinslogo trägt. Der Panda ist das Maskottchen des Teams und repräsentiert den Verein.

2.3 Wem

Die designten Artikel sollen in erster Linie die Zielgruppe ansprechen, die Bezug zu dem Volleyballverein hat. Dazu zählen die Sportler selbst, aber auch die Trainer, Eltern, Zuschauer und sonstige Fans. Personen ohne Bezug zu dem Verein werden durch die Jubiläumskollektion eher weniger angesprochen. Auszuschließen, dass diese Artikel von dem ein oder anderen, ohne Bezug zu dem Verein, gekauft werden, ist es allerdings nicht, da diese einen effektiven Nutzen sowohl im Sportbereich als auch im Alltag haben. Die Beschreibung des Vereins: „sportlich, freundlich, familiär" spiegelt sich in der Kollektion wider, da verschiedene Altersklassen angesprochen werden.

2.4 Bedingungen

Die Preisgestaltung basiert auf der Strategie der Abschöpfungspolitik. Da der Verein sich stark an Familien, Kindern und Jugendlichen orientiert, wäre eine Premiumpreispolitik unpassend und daher nicht zielführend. Der Verein orientiert sich daher an marktüblichen Preisen. Bei eintretender sinkender Nachfrage können die Preise sukzessiv gesenkt werden, um einen Abverkauf zu fördern.

Tabelle 2: Preisgestaltung Jubiläumskollektion des Volleyballvereins (eigene Darstellung)

Artikel	Preis
Jubiläumspullover Kinder	19,99€
Jubiläumspullover Frauen/Herren	29,99€
Mini-Volleyball	9,99€
Trinkflasche	6,99€
Schlüsselanhänger	3,99€

Handtuch	4,99€
Kuscheltier-Panda	7,99€

2.5 Kanäle

Der Eigenvertrieb der Jubiläumskollektion findet primär auf dem Sportgelände des Vereins statt. Sportler, sowie Trainer, Eltern und Freiwillige verkaufen die Artikel an der stationären Verkaufsstelle. An Spieltagen der Mannschaften werden die Artikel an einer zweiten Verkaufsstelle, direkt neben der Gastronomie im Außenbereich, angeboten. Zudem wird die gesamte Kollektion Online angeboten. Der Online-Shop wird auf der Homepage der Vereinsseite, sowie auf der Website der Stadt verlinkt und macht einen einfachen und unkomplizierten Kauf möglich. Der Fremdvertrieb findet in vier ausgewählten sportnahen Einzel-, sowie Sportfachhandel, in der 100.000 Einwohner Stadt, statt. Durch Erfahrung in Verkaufsprozessen können Cross-Selling-Effekte entstehen und der Verkauf der Artikel verbessert werden.

2.6 Begleitmaßnahmen

Um möglichst viele Personen der anvisierten Zielgruppe zu erreichen, soll die Kommunikation des Sportevents über verschiedenen Kanäle erfolgen. Die Mitgliederversammlung des Vereins findet zu Beginn jedes Jahres statt. Aktive Mitglieder des Volleyballvereins werden so auf direktem Weg über das geplante Jubiläumsevent in Kenntnis gesetzt und erste Planungen und Vorgehensweisen werden gemeinsam besprochen. Diese Informationen werden an den Bekanntenkreis der Teilnehmer dieser Versammlung weitergegeben. Anschließend werden ein paar Monate vor dem Jubiläumsevent, regelmäßigen Abständen, Zeitungsartikel, sowie Onlineartikel geschaltet, um möglich viel Aufmerksamkeit zu erlangen. Durch Kooperationen mit Schulen, ist es möglich vor Ort das junge Publikum anzusprechen und mit Unterstützung von Postern und Flyern zusätzlich auf das Event und die anzubietende Kollektion aufmerksam zu machen. Parallel soll der Social-Media-Bereich zum Einsatz kommen und die Informationen sollen, sowohl auf Facebook als auch auf Instagram, verbreitet werden.

Unmittelbar vor dem öffentlichen Jubiläumsevent, auf dem Vereinsgelände, wird auch in den lokalen Printmedien eine Anzeige erscheinen. Diese auch ein älteres bzw. weniger sportaffines Publikum in Kenntnis setzen.

2.7 Zeitraum

Da sich das Sportevent um ein Jubiläum, und somit zeitlich begrenzten Anlass, handelt, muss dies berücksichtigt werden. Die Mitgliederversammlung findet ca. vier Monate vor dem Event statt. Erste Überlegungen werden dort präsentiert und Zuständigkeiten festgelegt. Nachfolgend wird ca. drei Monate vorher die Kollektion angekündigt und nach und nach die einzelnen Artikel vorgestellt. Die Artikel sollen sechs Wochen vor dem Jubiläumsevent zum Verkauf angeboten werden. Ziel ist es an dem Event-Tag möglichst einen Großteil der Kollektion bereits verkauft zu haben. Sechs Monate nach dem Event soll, im Sinne der Absatzförderung, eine Preisreduzierung von 25% Prozent, auf das gesamte Sortiment der Kollektion, angesetzt werden. Zwei Monate vor dem Ende des Jubiläumsjahres findet eine erneute Preissenkung von mindestens 50% statt, um Restbestände zu verkaufen. Zu Beginn des 31-jährigen Vereinsbestehens werden die Artikel der Kollektion nicht mehr aktiv verkauft, Restpostenverkäufe in Geschäften oder auf Nachfrage finden noch statt.

3 Digitalisierung

3.1 Vorstellung des Vereins

Tabelle 3: Vorstellung des Vereins (eigene Darstellung)

Vereinsangebot (Kernangebot des Vereins)	Basketballverein auf Amateur-Niveau (3 Mannschaften) + Fortgeschrittenen Niveau (1 Mannschaft)
Mitgliederzahl	660
Anzahl bezahlter Mitarbeiter	0
Anzahl ehrenamtlicher Mitarbeiter	21

3.2 Zielgruppen der App

Tabelle 4: Zielgruppen der App (eigene Darstellung)

Zielgruppe	Marketingziele
Sympathisanten / Fans	1. Beliebt- und Bekanntheitsgrad erhöhen, somit mehr Mitglieder generieren
	2. Stärkung emotionaler Verbundenheit innerhalb des Vereins, durch Einbezug in Vereinsentscheidungen

Mitglieder / Eltern	1. „up-to-date" (zu Deutsch: „auf dem neusten Stand") mit allen aktuellen Informationen des Vereins
	2. gute vereinsinterne Vernetzung / Kommunikation

3.3 Inhalte der App

Tabelle 5: Inhalte der App (eigene Darstellung)

Themen	Mehrwert für den Kunden	Mehrwert für den User
Vorstellung des Vereins und der zuständigen Personen (Vorstand), Kontaktdaten	Durch Vorstellung des Vereins soll Interesse geweckt werden. Zusätzlich ist, durch Bereitstellung der Kontaktdaten, auf der Startseite, ein unkomplizierter Weg geschaffen, den Verein bezüglich Anliegen wie Sponsoring, Interesse an Mitgliedschaften usw. zu kontaktieren. Kontaktbarrieren sind nahezu ausgeschlossen, da der Nutzer selbst entscheiden kann, ob er sein Anliegen telefonisch oder per E-Mail preisgibt.	App-Nutzer bekommen leicht eine Übersicht über die wichtigsten Informationen des Vereins und können sich direkt und unkompliziert an die zuständige Person wenden. Die Anliegen können schnellstmöglich bearbeitet werden und somit Zufriedenheit und daraus resultierend neue Mitglieder generiert werden.
Spielberichte / Liveticker / Team-Informationen	Interessierte bekommen regelmäßig die neusten Informationen bezüglich des aktuell laufenden Spiels, sowohl Informationen über Neuzugänge und Spielerwechsel und Spielberichte. Der Verein bleibt in Erinnerung und der Nutzer ist jederzeit auf dem neusten Stand, auch wenn er nicht vor Ort sein kann.	Interessierte müssen nicht vor Ort präsent sein, um das Spielgeschehen nachzuverfolgen und „mitzufiebern" Zusatzinformationen über einzelne Mannschaften und Spieler wecken zudem Interesse und sorgen für eine stärkere emotionale Bindung.
Kalender mit direkter Funktion die anstehenden Spiele für das gesamte Jahr, die den Verein betreffen, direkt auf den Smartphone-Kalender einzufügen	Nutzer der App können einsehen, wann Spiele des Verein stattfinden. Somit kann der Nutzer planen, wann und welche Spiele er vor Ort besuchen will.	Der User bietet eine übersichtliche Darstellung der anstehenden Termine und generiert so mehr Zuschauer bei den Spielen, da diese früh genug Bescheid wissen und somit planen können. Somit wird kein Event verpasst.
Trainingsvideos zum	Besonders unerfahrene Personen	Das Interesse am Basketball wird ge-

selbst durchführen (basketballspezifischen Übungen/Abläufe)	können durch diese Funktion der App erste Eindrücke eines Basketballtrainings sammeln und sich vertraut machen, um im Anschluss zum Probetraining zu gehen und gegebenenfalls in den Verein einzutreten.	weckt. Interessierte können von Zuhause aus basketballspezifische Trainingsübungen/Trainingssituationen durchführen und sich für den Sport begeistern und bestenfalls dem Verein aktiv als Sportler oder passiv, als Zuschauer/Fan, beitreten.

3.4 Chancen und Risiken durch Einführung der App

3.4.1 Chancen

1. Die vereinfachte und unkomplizierte Kommunikation über die App ist von großer Bedeutung für Nutzer und User. Der User kann wichtige Entscheidungen und Botschaften preisgeben, die der Nutzer jederzeit auf der App abrufen kann. So ist der Nutzer immer auf dem neusten Stand und kann anstehende Events, an denen er gerne teilnehmen möchte, in seinen Alltag integrieren. Bei Anliegen zu Sponsoring oder Mitgliedschaften verhilft die genaue Übersicht der Kontaktdaten beim Austausch und dient zur schnellen Umsetzung.

2. Durch die Trainingsvideos, die der App-User regelmäßig hochlädt, wird der Beliebt- und Bekanntheitsgrad des Vereins verbessert, dass sich der Nutzer aufgefordert fühlt, diese auszuprobieren. Vorteil dieses Geschehens ist das direkte Interesse zu wecken und die Begeisterung für den Basketball zu entdecken. Aus interessierten Nutzern resultieren potenzielle neue Mitglieder für den Verein.

3.4.2 Risiken

1. Durch einen Überfluss an Informationen, kann es sein, dass sich der Nutzer „erschlagen" fühlt und somit das Interesse an der App verliert, da er keinen Anreiz empfindet, sich die für ihn relevanten Informationen herauszufiltern.

2. Die Gefahr besteht, dass die Anwesenheit bei den Spielen an Bedeutung verliert, da die Zuschauer/Fans über die App alle Informationen zu Spielen und dem Verein nachlesen können. Dies kann einen Rückgang der Zuschauer und dadurch auch eine mögliche Stagnierung der Mitgliederzahlen mit sich bringen.

3.5 Bekanntheitsgrad

Zunächst werden die Vereinsmitglieder und deren Bekanntenkreise über die App in Kenntnis gesetzt. Weiterhin wird die Popularität nach außen ausgeweitet, um die App bekannter zu machen und die Anzahl der Nutzer zu erhöhen.

- Sportler der Mannschaften werden vom Trainer aufgefordert die App zu installieren und ihren Freunde/Bekannten/Familien davon zu erzählen und sie zu motivieren dies ebenfalls zu tun.

- Die App sollte ebenfalls auf den Social-Media-Kanälen verlinkt werden, sodass der Link direkt in den Appstore/Playstore führt. Durch zahlreiches Teilen dieses Links verbreitet sich die App und wird bestenfalls oft installiert.

- Durch Erstellung von Flyern und Postern mit einem integrierten QR-Code, die auf dem Sportgelände des Vereins ausgehängt/ausgelegt sind, sollen ebenfalls neue Installationen erfolgen.

- Die Verlinkung zum Playstore/Appstore soll zusätzlich auf der Startseite Homepage erfolgen und deutlich sichtbar sein.

4 Sponsoring

4.1 Beschreibung des Wirtschaftsunternehmens

Das fiktive Wirtschaftsunternehmen „runforit" vermarktet ein breites Sortiment an Equipment, welches optimal für den Laufsport geeignet ist und triff daher als passender Sponsor bei dem anstehenden Laufevent in Baden-Württemberg auf. Es handelt sich um ein endemisches Sponsoring. Das Unternehmen wurde von drei Brüdern gegründet, welche schon mit jungen Jahren viel Erfahrung mit dem Laufsport gesammelt haben und hohen Erfolg in Halbmarathons erlangen haben.

Im Fokus des Unternehmens „runforit" steht der Verkauf der Laufschuhe. Diese sind besonders dadurch ausgezeichnet, dass sie enorm leicht sind und daher den Vorteil haben, dass der Läufer nicht zu viel Gewicht am Fuß trägt. Neben den Laufschuhen bietet das Unternehmen ebenfalls isotonische Sportgetränke an, die der Läufer optimal vor, während und nach dem Lauf zu sich nehmen kann. Vervollständigt wird das Angebot des Unternehmens mit speziellen Laufgürteln, die durch eine Halterung einer Trinkflasche, sowie 2 mit einem Reisverschluss versehenden kleineren Taschen, effektiv für den Lauf gestaltet sind.

Die Zielgruppen des Wirtschaftsunternehmens sind ambitionierte Sportler bzw. Läufer, die längere Strecken zurücklegen und daher auf spezielles Schuhwerk, ausreichend Mineralstoffe und Equipment zum einfachen Transportieren, angewiesen sind. Die Laufschuhe werden in den Größen 35-48 angeboten. Die Laufgürtel sind durch eine einfache Schnalle leicht verstellbar und können daher an jeden Beckenumfang des Läufers angepasst werden. Die Produkte sind schlicht in schwarz und dunkelgrau gestaltet und können daher in Kombination mit dem restlichen Laufoutfit kombiniert und zusätzlich auch im Alltag getragen werden, um den sportlichen Lifestyle nach außen zu projizieren. Durch die hochwertige Qualität dieser Produkte wird das Unternehmen in dem Premium-Bereich zugeordnet und ist daher eher als kostenintensiv zu betrachten. Aus diesem Grund spricht das Unternehmen die Sportler an, die ausreichend Geld für gute Qualität und Effektivität ausgeben würden und können.

Die „runforit"-Produkte werden, in dem von dem Wirtschaftsunternehmen gegründeten, Online-Shop angeboten und verkauft. Außerdem setzt das Unternehmen zur Distribution der Produkte auf insgesamt sechs Einzel- und Sportfachhandel rund in der Umgebung von Baden-Württemberg.

Das junge Unternehmen setzt zur Verbreitung seiner Produkte besonders auf Social-Media-Kanäle. Zusammen mit beliebten, bekannten Lifestyle- und Sport-Influencern bieten sie Kooperationen an und ihren Bekanntheitsgrad zu erhöhen. Auf Facebook, Twitter und Instagram werden mehrmals wöchentlich Fotos der Produkte hochgeladen. Außerdem gewinnt das Unternehmen durch Storys", in denen Fakten für einen guten Marathon und auch regelmäßige Gewinnspiele der Produkte preisgegeben werden, immer mehr Sympathie der potenziellen Käufer. Neben der Kommunikationsstrategie über Social-Media, versucht das Team des Unternehmens ebenfalls häufig auf Sport- und Laufevents im Umkreis von Baden-Württemberg präsent zu sein und Interessierte auf direktem Weg anzubrechen und für ihr Sortiment zu begeistern.

4.2 Phasen des Sponsoringprozesses

Festlegung der Ziele (psychologische Zielgrößen)

1. Steigerung des Bekanntheitsgrades der Marke „runforit"
2. Verbesserung des Markenimages

Schnittmengenanalyse der Zielgruppen

Tabelle 6: Schnittmengenanalyse der Zielgruppen (eigen Darstellung)

Zielgruppe Laufevent	Schnittmenge	Zielgruppe Unternehmen
<ul><li>Ambitionierte Läufer</li><li>Aktive/passive Teilnehmer</li><li>Alle Altersklassen / Geschlechter</li><li>„Eventpublikum" durch umfangreiches Rahmenprogramm</li></ul>	<ul><li>Ambitionierte Läufer</li><li>Aktive Teilnehmer</li><li>Alle Altersklassen / Geschlechter</li></ul>	<ul><li>Ambitionierte Läufer</li><li>Aktive Läufer</li><li>Premium-Bereich (Interesse an Qualität)</li><li>Wettkampforientiert</li></ul>

Beschreibung von fünf konkreten Sponsoring-Einzelmaßnahmen

1. Social-Media-Kampagne mit Informationen/Fotos und Countdown zum Event:

Die Hauptzielgruppe des Unternehmens „runforit" wird über das Internet und die Social-Media-Kanäle angesprochen werden. Die Information zum genauen Datum und der Uhrzeit, sowie der Streckenverlauf sollen vorab für alle Interessierte im Internet einzusehen sein. Als eines der ersten großen Sportevents des Jahres soll ein Countdown gezeigt werden, den deutlich auf den genauen Tag und die Uhrzeit des Events heruntergezählt. Wenige Tage nach dem Event soll gemachtes Foto- und Videomaterial hochgeladen werden, um das Event und die dazugehörigen Sponsoren in Erinnerung zu behalten.

2. Anwesenheit auf der Läufermesse am Vortag:

Durch die Anwesenheit auf der Läufermesse werden die aktiven Läufer direkt auf den Sponsor und dessen Produktsortiment aufmerksam gemacht. Durch einen Stand ist die Präsentation, sowie der Verkauf von effektivem Equipment, für den anstehenden Lauf, gut umsetzbar.

3. Gewinnspiel im Vorfeld des Events inkl. Vergabe Startnummern:

Das Event ist in den vergangenen Jahren sehr erfolgreich gewesen. Zudem ist die Teilnehmeranzahl begrenzt. Ein Gewinnspiel im Vorfeld soll den aktiven Teilnehmer nicht nur mit einem professionellem Equipment von „runforit" ausstatten, sondern ebenfalls die Möglichkeit auf eine von drei Startnummern, ergeben.

4. Firmenlogos auf Banden und im Zieleinlauf

Während des gesamten Laufes werden professionelle Fotografen die Läufer und die Strecke fotografieren. Zur Abgrenzung der Strecke stehen seitlich Banner mit dem Firmenlogo des Unternehmens, welche während und besonders nach dem Event auf allen Social-Media-Kanälen, im Internet und in der Presse zu sehen sein werden. Durch das in Verbindung bringen on „runforit" mit dem größten jährlichen Laufevent steigt der Bekanntheitsgrad enorm und die Qualität guter, erfolgreicher Produkte wird unterstrichen.

5. Give-Aways an Läufer während des Laufes austeilen

Durch kleine Give-Aways, die vorab mit dem Firmenlogo bedruckt werden, wird jeder aktive Teilnehmer auf das Unternehmen aufmerksam. Traubenzucker oder kleine Powergels werden während und nach dem Lauf angeboten und unterstützen so den Sportler sich zu regenerieren und aufmerksam auf den Sponsor, „runforit" zu werden und sich zukünftig das Sortiment anzuschauen.

Beschreibung der Erfolgskontrolle des Sponsorships

In der anschließenden Prozesskontrolle wird der gesamte organisatorische, sowie der personelle Ablauf des Sponsorings ausgewertet. Anhand von Checklisten und Prozess-Audit wurde ermittelt, dass die vorab erstellte Planung eine reibungslose Durchführung ergeben hat. Das Event lief zur vollsten Zufriedenheit für aktive und passive Teilnehmer, sowie für Sponsoren und Organisatoren ab.

Die Effektivitätskontrolle des Unternehmens fand durch Befragungen vor, während und nach dem Event statt. Die Auswertung hat ergeben, dass es einen deutlichen Bekanntheitszuwachs von 16% gab (von 56% auf 72%). Anhand einer Umfrage zur Qualität der angebotenen Produkte, besonders der Laufschuhe und des Laufgurtes, hat sich ergeben, dass zudem das Marktimage deutlich verbessert wurde. Vorab stimmten nur 16% dafür ab, dass „runforit" ein Spitzenreiter für qualitatives und effektives Lauf-Equipment sei. Nach Ablauf des Events waren es ganze 37%.

Die abschließende Effizienzkontrolle wird den durch Kosten-Nutzen-Vergleiche durchgeführt. Es kommt zum Vergleich zwischen den festgestellten Auswirkungen des Sponsorings und den Kosten/Wirkungen vorhergegangener Sponsoringaktivitäten. Daraus resultierend lässt sich sagen, dass bei diesem Sponsoring Geldmittel in höherem Maße einen Erfolg der Ziele generiert haben. Grund dieses Ergebnisses ist mit großer Wahrscheinlichkeit die erhöhte Zielgruppenaffinität des Events.

5 Literaturverzeichnis

Frommert, C. (2013). *Der Footbonaut: High-Tech im 1899-Training.*
Zugriff am 10.03.2022
Verfügbar unter: https://www.tsg-hoffenheim.de/aktuelles/news/2013/06/der-footbonaut-high-tech-im-1899-training/

Frommert, C. (2017a). *Trainingsanalyse 2.0: TSG testet Videowall.*
Zugriff am 10.03.2022
Verfügbar unter: Trainingsanalyse 2.0: TSG testet Videowall » TSG Hoffenheim (tsg-hoffenheim.de)

Frommert, C. (2017b). *TSG erhält SAP Hana Innovation*
Zugriff am 11.03.2022
Verfügbar unter: https://www.tsg-hoffenheim.de/aktuelles/news/2017/04/tsg-mit-sap-hana-innovation-award-ausgezeichnet/

Frommert, C. (2018a). *Akademie-Erfolge: Profis made by TSG.*
Zugriff am 10.03.2022
Verfügbar unter: https://www.tsg-hoffenheim.de/aktuelles/news/2018/02/akademie-erfolge-profis-made-by-tsg/

Hellmann, F. (2019). *Hoffenheim emanzipiert sich von Dietmar Hopp.*
Zugriff am 10.03.2022
Verfügbar unter: https://www.sportschau.de/fussball/bundesliga/tsg-hoffenheim-100.html

Hoeltzenbein, K. (2015). *Ausnahme von der 50+1 Regel. Hopp übernimmt Mehrheit bei 1899 Hoffenheim.*
1899 Hoffenheim.
Zugriff am 11.03.2022
Verfügbar unter: https://www.sueddeutsche.de/sport/ausnahme-von-der-50-1-regel-hopp-uebernimmt-mehrheit-bei-1899-hoffenheim-1.2344303

Kern, A. (2018). *Wachstumsmarkt eSports.*

Zugriff am 10.03.2022

Verfügbar unter: https://finanzwelt.de/wachstumsmarkt-esports/

Lehnebach, N. (2019). *Bundesliga-Rechte - Startschuss für den Milliarden-Pitch.*
Zugriff am 11.03.2022
Verfügbar unter: https://www.manager-magazin.de/unternehmen/artikel/fussball-bundesliga-medienrechte-werden-2020-neu-vergeben-a-1251471.html

Meffert, H., Burmann, C., & Kirchgeorg, M. (2012). *Marketing. Grundlagen marktorientierter Unternehmensführung. 11., überarbeitete und erweiterte Aufl.*
Wiesbaden: Gabler

Schneider, M. (2018). *Die Super-Liga existiert längst.*
Zugriff am 11.03.2022
Verfügbar unter: https://www.sueddeutsche.de/sport/fussball-in-europa-die-super-liga-existiert-laengst-1.4195814

Seidel, M. (2019a). *Anzahl der Mitglieder der Vereine der 1. Fußball-Bundesliga (Stand März 2019). Zitiert nach de.statista.com.*
Zugriff am 11.03.2022
Verfügbar unter: https://de.statista.com/statistik/daten/studie/29723/umfrage/anzahl-der-mitglieder-ausgewaehlter-vereine-der-bundesliga/

Seidel, M. (2019b). *Transferbilanz der letzten fünf Jahre.*
Zugriff am 10.03.2022
Verfügbar unter: https://www.transfermarkt.de/1-bundesliga/fuenfjahresvergleich/wettbewerb/L1

Seifert, C. (2019). *"DFL-Wirtschaftsreport 2019": Rekordumsatz und weitere Bestmarken bestätigen positive wirtschaftliche Entwicklung des deutschen Profifußballs.*
Zugriff am 11.03.2022
Verfügbar unter: https://www.dfl.de/de/aktuelles/dfl-wirtschaftsreport-2019-rekordumsatz-und-weitere-bestmarken-bestaetigen-positive-wirtschaftliche-entwicklung-des-deutschen-profifussballs/

Suliak, H. (2019). *Wettbewerbsrechtler könnten 50+1-Regel kippen.*

Zugriff am 11.03.2022

Verfügbar unter https://www.lto.de/recht/hintergruende/h/fussball-bundesliga-50-1-investoren-dfl-kartellrecht-wettbewerb-ausnahmen/

6   Tabellenverzeichnis